AF595305

NADIA

OPÉRA

Représenté pour la première fois sur la scène de l'Opéra-Populaire de Paris, le 25 mai 1887.

DIRECTION MILLIAUD

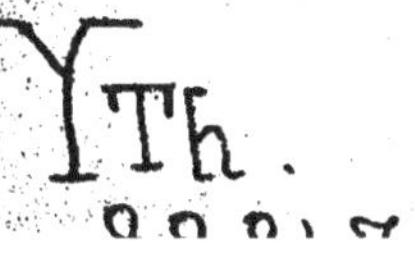

IMPRIMERIE GÉNÉRALE DE CHATILLON-SUR-SEINE. — A. PICHAT

NADIA

OPÉRA EN UN ACTE

POÈME DE

PAUL MILLIET

MUSIQUE DE

JULES BORDIER

PARIS
TRESSE & STOCK, ÉDITEURS
8, 9, 10, 11, GALERIE DU THÉATRE-FRANÇAIS
PALAIS-ROYAL

1887

PERSONNAGES

YVAN SAVELITCH, 25 ans (ténor). . .	MM. Galand.
BILBASSOF, le golova du village, 50 ans (baryton ou basse bouffe)	Boué.
NADIA, nièce de Prascovie, 17 ans (soprano).	Mmes Persini.
MARFA, sœur de lait d'Yvan, 25 ans (Dugazon).	Noelly.
PRASCOVIE, 50 ans, duègne	Ismael.

La scène se passe aux environs de Nijni-Nowgorod, vers 1860.

NADIA

Une grande salle de ferme. Les murailles sont formées de rondins de sapins et couvertes de guirlandes de fleurs. A droite, une grande fenêtre avec un balcon de bois. A gauche, la lampe qui brûle devant les Images consacrées. Dans le fond, grandes portes vitrées et large perron en bois sur la cour.

SCÈNE PREMIÈRE

NADIA, MARFA, SERFS, puis PRASCOVIE.

Au lever du rideau, tout le monde est occupé à préparer le couvert.

SERVITEURS et SERVANTES.

Que la maison soit bien ornée!
Que tout reluise!... Préparons
La fête de ton hyménée!
Nadia, ce soir nous boirons
A ton heureuse destinée!

MARFA, à Nadia.

Ma sœur, ne désespère pas,
La joie est faite de nos larmes.
Tout change si vite ici-bas,
Le calme succède aux alarmes.
Crois-moi, ne désespère pas :
La joie est faite de nos larmes.

PRASCOVIE, entrant.

Comment, mes enfants, comment!... vous n'avez pas terminé tout ça? Il faut qu'on se dépêche. A-t-on mis les verres sur la table? Tout est-il prêt dans la cour?... Marfa, la chambre est-elle en ordre?

MARFA.

Oui. Et votre Bilbassof n'en a pas toujours eu une semblable!

PRASCOVIE, à Nadia.

Dieu, que tu es mal coiffée! Si le Golova Bilbassof... Ce bon! ce brave! cet excellent! ce digne et cher Bilbassof!... allait ne pas te trouver à son goût aujourd'hui!... Bah! bah! La table bien dressée... la soupe cuite à point... il n'en faut pas davantage ponr le mettre en belle humeur. (Un serf apporte le samowar.) Le samowar ici... Là le kvass... (Prenant un plat des mains d'une servante qui entre.) Ah! le canard farci de hachis aigre... Le doux seigneur! Il adore le canard farci de hachis aigre... avec de la crème épaisse tout autour... (Regardant tout à coup Nadia qui reste assise et songe.) Sainte Vierge! qui dirait que dans une heure elle épouse un Golova, le juge et l'administrateur du village!...

MARFA.

Oui, Bilbassoff. Un ancien bourmistre... Ah! si le tribunal du district lui faisait rendre des comptes à celui-là!...

PRASCOVIE, *à Marfa.*

A-t-on jamais vu une pareille audace? (*A Nadia.*) Il t'a constitué une dot superbe, mon enfant...

MARFA.

Une dot superbe? Toute la bêtise qu'il a sous son tricorne, son égoïsme et ses rhumatismes...

PRASCOVIE, *outrée.*

Oh! Marfa...

NADIA, *s'interposant.*

Ma tante!... Marfa!... Pourquoi vous disputer au sujet de mon bonheur? Depuis qu'Yvan a quitté le village, préférant la vie de l'homme libre, du soldat à l'existence du serf, depuis ce jour-là, voyez-vous, rien ne peut plus me rendre heureuse... Rien, excepté de conserver à ma tante cette maison où elle est née... excepté d'assurer des jours tranquilles aux derniers êtres qui me sont chers. (*Elle tend une main à Prascovie et l'autre à Marfa.*) Aussi, je veux être, je serai la femme de notre créancier Bilbassof et je recevrai le Golova comme le maître de qui l'on attend tout désormais. Ne m'ôtez donc pas mon courage avec ces discussions inutiles... (*Souriant aux deux femmes.*) Vous voulez bien?

PRASCOVIE, *attendrie.*

Tu es la raison même, toi! Tu es la digne fille de ta mère!

Elle l'embrasse.

MARFA.

De la résignation, du dévouement, tant qu'on voudra; mais du courage, pas ça!

Un bruit confus se fait entendre. Grelots.

PRASCOVIE, *regardant au fond.*

Oh! la belle troïka!.. et trois chevaux comme à la ville!... Viens, tu seras heureuse, Nadia! C'est moi qui te le dis!

Prascovie sort vivement en entraînant Nadia.

SCÈNE II

MARFA, puis YVAN.

MARFA, les suivant du regard.

Et je ne trouve rien pour empêcher ce mariage !... Bilbassof a tant de droits sur la ferme et sur les serfs de la ferme ! de plus.... il est Golova... maître absolu du village. Pourquoi aussi Yvan ne revient-il pas? On n'a donc jamais de congé à l'armée du Père ? (Jetant un coup d'œil par la porte du fond.) C'est pourtant vrai que Bilbassof a trois chevaux à sa troïka... le brigand !...

Tandis qu'elle disparaît un moment dans le fond, Yvan pénètre dans la salle par le balcon de droite. Il est en costume de sous-officier de la garde.

RÉCIT.

YVAN.

Le balcon enjambé comme dans un roman...
Le retour imprévu... C'était bien mon programme.
Et les cris : « Nadia... Ma tante !.. C'est Yvan ! »
Quelle crainte pourtant vient agiter mon âme ?

AIR.

J'ai fait mes adieux
Au czar, à la guerre ;
Je revois ces lieux
Pour toujours, j'espère !
Nadia, c'est moi !
Mon unique envie,
C'est auprès de toi
De finir ma vie !...

Rappelle-toi nos ébats
Et les jeux de notre enfance :
Tu prenais toujours mon bras
Comme un signe d'alliance,
Et je marchais radieux
En te contant mille choses.
On nous appelait tous deux
Les fiancés blancs et roses

Nadia, c'est moi !
Mon unique envie,
C'est auprès de toi,
De finir ma vie!...

Apercevant Marfa.

Quelqu'un ?... Adieu, la surprise !...

MARFA, sans montrer d'émotion.

Dieu bon ! Yvan.

YVAN.

Lui-même ! Bonjour, Marfa.

MARFA.

Ah, ce n'est pas trop tôt !

YVAN.

C'est ainsi que tu me reçois ? Qu'as-tu donc ?

MARFA.

Ce que j'ai ? J'ai que Prascovie a fiancé Nadia au juge Bilbassof, j'ai que le mariage a lieu tout à l'heure, et qu'il n'est que temps que tu arrives.

YVAN, avec colère.

Prascovie a fait cela ? Prascovie sait que Nadia et moi nous nous aimons depuis notre enfance (Très ému.) et elle a fait une pareille chose ?...

MARFA.

Que veux-tu ? Prascovie doit plusieurs termes à Bilbassof; ce gros homme a déclaré qu'il adorait Nadia... et...

YVAN, résolu, lui montrant son uniforme.

Cela suffit. Je reviens libre, et j'enlèverai Nadia.

MARFA.

Mais, mon pauvre Yvan, Nadia est serve. Elle ne t'appartient pas !

YVAN.

Que faire alors ? Que faire Marfa ? Tu es si savante, ma petite sœur, que l'on te croit un peu sorcière. Mets en jeu toutes les ressources de ton esprit.

MARFA.

Attends !... Tu es sous-officier, tu peux maintenant parler au Golova d'égal à égal. Tu vas d'abord lui demander de te rendre ta fiancée...

YVAN.

Et s'il refuse ?

MARFA.

Alors nous chercherons ensemble et nous trouverons... Espère !... Tu sais le proverbe « Le Tzar est loin, Dieu est haut, mais tous deux veillent. » (Musique. Ritournelle du chœur.) Allons, suis-moi. Il faut te remettre avant de te retrouver en face de ton terrible rival !...

YVAN.

Ah, petite sœur, que Nadia m'aime toujours, qu'elle devienne ma femme, et le monde sera peu de chose pour moi !

On entend des cris : « Vive Bilbassof ! » Yvan fait un mouvement pour s'élancer sur le perron où retentissent des acclamations joyeuses, mais, arrêté par l'assurance de Marfa, il se laisse emmener par elle.

SCÈNE III

NADIA, PRASCOVIE, BILBASSOF, puis MARFA, et LES CHŒURS.

CHŒUR-CORTÈGE.

Bonjour, monsieur le Golova.
Salut à votre seigneurie!...
Nous sommes confondus, voilà
Le plus beau jour de notre vie.

Vous daignez venir parmi nous,
Vous, l'homme le meilleur du monde :
Plein de respect, à vos genoux
Chacun se prosterne à la ronde.

Bonjour, monsieur le Golova.
Salut à votre seigneurie!
Nous sommes confondus, voilà
Le plus beau jour de notre vie.

Pendant le chœur, entrée de Bilbassof soutenu par Prascovie et suivi de Nadia. Bilbassof s'installe dans un grand fauteuil, devant la table dressée à son intention. Aucun autre siège autour de la table. Bilbassof souffle bruyamment et pousse toutes sortes d'exclamations.

BILBASSOF, essoufflé, furieux et regardant toujours du côté de la porte.

Aïe, mes côtes!... aïe, mes oreilles! Vous ne pouvez donc pas crier sans faire de bruit, serfs que vous êtes. Et ce scélérat maudit!.. où est-il? Un galop infernal... il a failli me jeter dans la rivière comme une portée de petits chiens!... Noyé!... une mort que j'abhorre. (Se levant.) Drôle! butor, fieffé coquin! Pardon, Prascovie, vous êtes charmante, vous. (Au moujik.) Fieffé coquin!...

(A Prascovie.) Votre nièce aussi! (Au moujik.) Butor! (A Prascovie.) Je le dis comme je le pense... et certes, si je ne le pensais pas! (Au moujik.) Drôle!

PRASCOVIE.

Vous nous comblez... (Bas à Nadia.) Eh bien, petite sotte? (Haut.) Et Nadia me disait aussi que votre approbation...

BILBASSOF, qui l'a écoutée à peine, se relève vivement.

Mais ce moujik! ce Kozak! Il avait juré ma perte, j'en suis sûr!

PRASCOVIE, troublée.

Oh! oui!

BILBASSOF, en colère.

Comment, oui?

PRASCOVIE.

C'est-à-dire: non!

BILBASSOF, au comble de la fureur.

La perte d'un homme de ma valeur!... Moi qui ai toutes sortes de bontés pour lui. Où est-il cet animal?... Tomsk! viens ici, Tomsk!... Je vais te signer un bon pour dix coups de verges... Dix coups, cela ne t'endommagera pas beaucoup et t'apprendra à me conduire chez le pope plus sagement.

NADIA.

Oh!...

Tomsk s'approche.

BILBASSOF, lui donnant un papier.

Approche. Là! va à la police... Reçois ton compte et rapporte-moi un reçu [1]. (Le rappelant.) Allons, tiens, embrasse ma main. (Il lui donne sa main à baiser.) Que de bontés j'ai pour lui... Vous voyez, Prascovie?

---

1. Détail authentique des mœurs russes de l'époque.

NADIA.

Golova, je vous en supplie, remettez-lui sa peine!

BILBASSOF.

Impossible, Nadia!

NADIA.

C'est la première chose que je vous demande.

BILBASSOF.

C'est donc la première que je vous refuse.

NADIA, *insistant.*

De grâce!

BILBASSOF.

Impossible, vous dis-je. Cette algarade m'a fait maigrir indignement... Regardez-moi : Je suis plus sec qu'un grain de moutarde ou qu'un des chevaux de Prascovie.

PRASCOVIE, *insinuante.*

La faute de tout cela en est au chemin de la ferme.

BILBASSOF.

Un diable de chemin en effet!

PRASCOVIE.

Quelques réparations...

BILBASSOF.

Oh! j'y ai bien pensé...

PRASCOVIE.

Il y avait pensé!... Ce bon monsieur Bilbassof!

BILBASSOF.

Oui. Et si j'avais dû venir souvent ici... Mais une fois que l'archimandrite aura consacré mon mariage, cette route ensorcelée ne me reverra plus! (*Bilbassof s'est installé à table, il s'est versé plusieurs gobelets de kwass, et sa* figure s'est épanouie.) Allons, Nadia, mon bijou céleste, chantez-moi une de vos chansons. Cela me remettra tout à fait.

NADIA.

C'est que...

BILBASSOF, se renversant d'un air magistral.

Hein?... Digne Prascovie, asseyez-vous là, sans façon! (Il la force à s'asseoir près de lui.) Ce léger repas me réjouit le cœur.

PRASCOVIE.

Eh! Chantez donc, Nadia!...

MARFA, survenant et s'adressant à Nadia.

Chante, sœur chérie, chante... Ton refrain ira droit aux cœurs de ceux qui t'aiment.

NADIA.

LIED.

Pourquoi cette tristesse, enfant?... Autour de toi
La nature est joyeuse et maudit tes alarmes.
— Ma douleur est secrète et n'afflige que moi :
Ne cherchez pas le secret de mes larmes!...

Quels rêves as-tu faits? Dis-nous ce que tu veux?
Faut-il braver la mer sous de légères voiles...
— Non, ce que je désire est bien plus précieux
Et bien plus beau que toutes les étoiles...

A ton âge, je sais ce qu'on peut désirer.
La douleur te séduit, et les pleurs ont des charmes...
— Laissez-moi donc, amis, ah! laissez-moi pleurer!...
Car c'est l'amour qui fait couler mes larmes!...

BILBASSOF, la bouche encore pleine, s'adressant à Prascovie.

Parfait! Il est parfait, ce koulbac... Prascovie! Ces jaunes d'œufs doctement mélangés au riz, cette purée de gibier... C'est tout simplement exquis... Il n'en n'est pas de même de votre chanson, Nadia!... Je n'aime pas les chansons tristes. Ecoutez plutôt celle-ci : « Les mariniers du Volga » (S'adressant aux serfs.) Et vous, entonnez le refrain, je vous le permets... Je le leur permets, Prascovie... Hein! que de bontés cela fait en peu de temps! c'est trop peut-être. Oui? Bah! On ne se marie pas tous les jours!

PRASCOVIE, émerveillée.

Le brave bomme!

Marfa lève les épaules et remonte avec Nadia — Elles disparaissent pendant le chant populaire.

CHANT POPULAIRE RUSSE.

Les mariniers du Volga.

LE CHŒUR, faisant le mouvement de ramer.

Des mariniers du Volga... ah!
Vive l'équipage!
Sur le bateau que voilà... ah!
L'univers voyage!

BILBASSOF.

Ils prennent toujours à leur bord
Les filles et les femmes;
Sitôt qu'ils vont quitter le port,
Des fleurs ornent leurs rames!
Quand leur navire est trop chargé
C'est du kwass qu'il transporte;
Pour qu'il soit vite soulagé,
Chacun s'en réconforte!

CHŒUR.

Des mariniers du Volga... ah!...
Vive l'équipage!
Sur le bateau que voilà... ah!
L'univers voyage!

BILBASSOF.

Le marinier sur son vaisseau
Est un puissant monarque.
Un jour le tzar, pour passer l'eau
Lui demanda sa barque...
Il dit alors avec fierté :
« J'ai plus que la couronne,
» J'avais le kwass et la beauté,
» J'ai le tzar en personne! »

CHŒUR.

Des mariniers du Volga... ah!
Vive l'équipage!
Sur le bateau que voilà... ah!
L'univers voyage!

PRASCOVIE.

Ah! seigneur, quelle voix! quel talent! quelle bonté!

BILBASSOF.

Voilà comme je suis, Prascovie! Mais l'heure solennelle approche, et, avant d'aller à la chapelle attendre ma gentille femme, je voudrais réparer un peu ce désordre. (Il montre son costume.) Ce n'est point la faute de Tomsk si je ne suis pas en lambeaux... A propos!... Où est Tomsk?... Ah! te voilà... montre-moi ton reçu (Lisant.) « Donné dix coups de verges. » (Haut.) Et tout s'est bien passé? (Tomsk se frotte les reins.) Oh! une misère. La prochaine fois, ce sera vingt-cinq coups... Décidément, je suis trop bon. Montrez-moi le chemin, Prascovie! Je vous le permets.

Prascovie fait signe aux serfs d'acclamer le Golova.

LE CHŒUR.

Vive Bilbassof!

Tout le monde sort, excepté Marfa et Nadia.

MARFA, au chœur.

Voulez-vous bien vous taire, malheureux, avec votre « Vive Bilbassof!...» Peut-on souhaiter qu'un pareil homme vive!... Un monstre, un tyran, un bourreau... Oh, mais cela ne se passera pas ainsi!

Elle sort.

SCÈNE IV

NADIA, redescendant, puis YVAN.

NADIA, étouffant des sanglots.

Seigneur! Seigneur! Donnez-moi la force d'aller jusqu'au bout de mon sacrifice!... Hélas!... mon cœur est tout entier à Yvan!

AIR.

Yvan! ce nom brûle ma lèvre!
Il faut que je l'oublie, hélas!... Et malgré moi,
Dans mes nuits que peuple la fièvre,
Yvan, sans cesse je te voi!...

Quel pays te retient et t'empêche d'entendre
L'écho de mes soupirs et le cri de mon cœur?...
M'as-tu donc oubliée, et, lasse de t'attendre,
Dois-je me résigner à l'éternel malheur!

Reviens, mon bien-aimé, reviens sécher mes larmes,
Nous irons tous les deux courir par les prés verts;

Au calme de nos champs tu trouveras des charmes,
Et notre amour, Yvan, sera notre Univers!...

Mais qu'ai-je dit? Tout n'est-il pas consommé?... L'anneau des fiançailles n'est-il pas échangé?... Yvan! Pourquoi nous as-tu abandonnées ainsi?...

YVAN, *paraissant.*

Non! je ne t'ai pas abandonnée!...

NADIA.

Ah! Yvan...

DUO.

YVAN.

Non, je ne t'ai pas oubliée,
Le passé, l'avenir, c'est toi!...
Mon âme à la tienne est liée.
Je t'aime et tu seras à moi!

NADIA.

Est-ce un rêve?... Je crois entendre
L'écho lointain de mon bonheur!
C'est bien toi!... Ta voix douce et tendre
A parlé d'amour à mon cœur!

YVAN.

Mais, dis-moi donc alors quelle était ta pensée,
Lorsque tu consentis...

NADIA, *avec crainte.*

Ah!

YVAN, *amèrement.*

Je sais tout... Marfa...

NADIA, *frissonnant.*

Tu sais que je suis fiancée...

YVAN, avec colère.

A cet infâme!

NADIA.

Au Golova!...

NADIA.

Yvan! C'est le maître!...
Il a bien fallu me soumettre...

YVAN, avec amertume.

A m'oublier, à renier ta foi!

NADIA, avec désespoir.

J'ai tant souffert... Tais-toi, tais-toi!

ENSEMBLE.

YVAN.

Mes pauvres amours sont brisées,
Pour qui vivrai-je désormais?
A tes prochaines épousées
Je disparaîtrai pour jamais!...

NADIA.

Nos amours ne sont pas brisées!
Yvan, c'est toi seul que j'aimais,
Et ces prochaines épousées,
Je ne les subirai jamais!...

NADIA, avec une énergie sombre.

Crois-tu donc que je pourrai vivre,
En sachant que tu me maudis?...
Il est un moyen qui délivre
Du maître à qui l'on est soumis!

YVAN, avec joie.

Oh! Nadia, faut-il te croire?

NADIA.

La mort ne m'épouvante pas :
Je n'ai pas perdu la mémoire
Des serments échangés!...

YVAN, la pressant dans ses bras.

Plus bas!...
Ah! pardonne-moi! Tout à l'heure
J'étais fou... J'ai douté de toi...
Mais regarde : à présent, je pleure...
O Nadia, pardonne-moi!...

ENSEMBLE.

YVAN.

Enfant, plus de tristesse :
Puisque tu m'aimes, je suis fort!
Au souvenir de ta tendresse,
Je braverai la mort!

NADIA.

Yvan, plus de tristesse :
Auprès de toi, mon cœur est fort.
Au souvenir de ta tendresse,
Je braverai la mort!

BILBASSOF, à la cantonade.

Tomsk!

YVAN.

J'entends ce Bilbassof. Je vais lui parler...

NADIA.

Sois prudent!

YVAN.

Je lui dirai... Je ne sais pas ce que je lui dirai... Mais je l'attendrirai... (Nadia sort.) Oui, je l'attendrirai, ou bien...

SCÈNE V

YVAN, BILBASSOF.

YVAN, seul.

A nous deux, maître Bilbassoff.

BILBASSOF, entrant.

Où cet animal de Tomsk a-t-il mis mes superbes vêtements?

YVAN, allant droit à lui d'un air résolu.

Bonjour, Golova!

BILBASSOF, après un effroi comique.

Y... Yvan... Yvan Savelitch...

YVAN.

Moi-même.

BILBASSOF.

Et tu te portes toujours bien?

YVAN.

Toujours. Et depuis que vous m'avez livré au recrutement, je n'ai pas perdu mon temps.

Il lui montre ses galons.

BILBASSOF.

Sous-officier? C'est très beau...

YVAN.

Oui, ce n'est pas mal.

BILBASSOF.

Et sans moi...

YVAN.

Sans vous, je n'aurais pas été soldat, je ne serais pas devenu libre, et je n'aurais pas été en passe d'acquérir la noblesse....

BILBASSOF.

La noblesse?

YVAN.

Certes! le grade d'officier confère la noblesse. C'est pourquoi je reviens plein d'espoir demander à Prascovie la main de sa nièce que j'adore et qui ne peut pas vous souffrir.

BILBASSOF, *indigné.*

Comment, elle ne peut pas me souffrir? Qui est-ce qui a dit ça?

DUO.

YVAN, *très décidé.*

Rendez-moi Nadia.

BILBASSOF, *de même.*

Non!

YVAN, *même jeu.*

Je vous laisserai la ferme?...

BILBASSOF.

Non!

YVAN, *tout à fait en colère.*

Prenez garde, Golova!

BILBASSOF.

Non! dans mon droit je me renferme.

YVAN.

Alors je vous tue....

BILBASSOF, *effrayé.*

Hein !...
Vous êtes donc un assassin?

YVAN.

Non pas ! En duel.

BILBASSOF.

Qui, moi ? me battre !
Mais voyez-vous ce diable à quatre ?

ENSEMBLE.

BILBASSOF.

En garde, moi ! Quelle fureur ?
Il ne rêve que plaie et bosse....
Je tremble.... ce n'est pas de peur,
Mais je crains de manquer la noce.

YVAN.

En garde, allons, avez-vous peur?
Le pauvre homme n'est pas féroce.
Il tremble.... et sa grande frayeur
C'est de ne plus revoir la noce!...

Plus doucement.

Ça ! vous avez connu jadis
Les baisers pris à la croisée,
Et l'amour chantant sa chanson
A l'aube, aux fleurs, à la rosée !...

BILBASSOF.

Certes. mais l'amour à vingt ans,
Mon garçon, c'est une chimère !
Je me souviens d'une commère
Que j'adorai tout un printemps :
Je ne voulais qu'elle pour femme,
Je fis même un épithalame
Que je lui signai de ma main....

YVAN.

Eh bien ? Après ?...

BILBASSOF.

Un beau matin
Je suis parti !...

YVAN.

Puis ?

BILBASSOF.

Bon apôtre !
On n'en est mort de part ni d'autre !
Dieu me garde de la revoir....

YVAN.

Ainsi donc, je n'ai plus d'espoir?
Subitement.
Alors.... à défaut d'espérance,
J'aurai ta vie, entends-tu bien ?

BILBASSOF, *effrayé.*

Encor ?

YVAN.

Toujours. Oui, ma vengeance
A soif de sang....

BILBASSOF.

Du mien?

YVAN.

Du tien !

BILBASSOF, *suppliant.*

Pitié....

YVAN.

Non !

BILBASSOF, *de même.*

Pour ma veuve en larmes!...

YVAN, *le poursuivant.*

Je la consolerai.... Tes armes!....

ENSEMBLE.

BILBASSOF.

En garde, moi! quelle fureur!
Il ne rêve que plaie et bosse....
Je tremble, ce n'est pas de peur,
Mais je crains de manquer la noce.

YVAN.

En garde, allons! avez-vous peur?
Le pauvre homme n'est pas féroce.
Il tremble, et sa grande frayeur
C'est de ne plus revoir la noce.

BILBASSOF, *en sortant.*

Oui, je crains de manquer la noce. Et c'est pour cela que je vous tire ma révérence, monsieur Yvan!... (*Au fond.*) Monsieur Yvan Savelitch!...

SCÈNE VI

YVAN, NADIA, PRASCOVIE.

YVAN, *seul.*

Oh, le vilain poltron!

PRASCOVIE, *accourant.*

Quel est ce tumulte?... Quoi! Yvan, c'est vous! Est-ce ainsi que vous annoncez votre retour en cherchant querelle à notre maître?

NADIA, entrant.

Ah, ma tante, ne l'accusez pas !... Plaignez-le plutôt... Plaignez-nous...

YVAN.

Ma chère Nadia !

Il la serre dans ses bras.

PRASCOVIE.

Un petit paysan !

YVAN.

Un sous-officier de la garde du tzar, Prascovie !

NADIA.

Et quand Yvan serait le dernier des serfs du district, c'est lui, lui seul que j'aime !

PRASCOVIE.

Saintes Images ! Que faut-il que j'entende ?

YVAN.

Voyons, Prascovie, vous n'aurez pas le courage de faire notre malheur à tous deux ?...

PRASCOVIE, attendrie.

Mais, mes pauvres enfants, vous ne savez ce que vous dites ! Ni vous ni moi, nous ne pouvons résister au Golova... Et vous me parlez d'amourettes qui ne font le malheur de personne ! Toi, Yvan, tu seras bientôt officier; tu seras noble, tu iras à la cour du Père qui te donnera pour femme une belle héritière, la fille de quelque gouverneur civil.

YVAN.

Jamais !...

PRASCOVIE.

Laissez donc ! Moi qui vous parle, j'ai passé par là... Je m'en suis laissé conter tout comme une autre, et pourquoi pas ? C'était un gourmand sans pareil, un poltron émérite. Il m'avait juré une fidélité éternelle...

YVAN, *en riant.*

Et un beau matin ?...

PRASCOVIE, *continuant.*

Justement : un beau matin, il disparut... et je suis persuadée qu'il n'en est pas mort, allez !... Moi, non plus, du reste...

YVAN, *à lui-même.*

Quelle étrange coïncidence !

PRASCOVIE, *prenant de force Nadia par le bras.*

Assez causé maintenant. Passe devant moi, ma chérie !...

YVAN, *à Nadia qui le regarde suppliante.*

Ne crains rien, Nadia : Dieu protège notre amour !

PRASCOVIE, *à Yvan.*

Oui, oui, j'ai passé par là, mon garçon, et je n'en suis pas morte !...

Elle sort avec Nadia.

SCÈNE VII

YVAN, *seul.*

C'est curieux tout de même... Bilbassof... Prascovie... le même souvenir dans leur existence !... Bah ! si ce n'est pas Prascovie, qu'importe ! Bilbassof est si poltron !... (*On entend la musique du cortège qui accompagnait le Golova à sa première apparition.*) C'est le cortège ! Diable ! Bilbassof n'a pas perdu un instant... Tout empanaché, il se rend à la chapelle avec ses amis. (*L'appelant.*) Golova, mon cher Golova ! un mot ! rien qu'un mot !...

SCÈNE VIII

YVAN, BILBASSOF et MARFA.

BILBASSOF, il a revêtu un superbe costume de noce.

Vous êtes encore ici ?

YVAN, gaîment.

Oui ; je n'ai pu résister au désir de vous voir accoutré de la sorte !

BILBASSOF.

Monsieur le sous-officier, si c'est pour me dire de nouvelles impertinences que vous m'avez appelé...

Marfa paraît au fond et écoute la conversation des deux hommes.

YVAN, à Bilbassof.

Ne vous fâchez donc pas ! Que diriez-vous, monsieur Bilbassof, si l'héroïne de vos jeunes amours existait encore ?

BILBASSOF.

Hou ! Comme ce koulbac me pèse sur l'estomac..... la purée de gibier, mon mariage... et la... jeune personne...

YVAN, avec intention.

La jeune personne qui est...

BILBASSOF, tombant dans un fauteuil.

Pas un mot de plus... j'étouffe !

MARFA, à part, avec admiration.

Mais il est très fort, mon élève Yvan !

YVAN, reprenant.

Qui est...

BILBASSOF, s'éventant.

Je me sens fondre comme un petit morceau de beurre.

YVAN.

Madame Prascovie.

BILBASSOF.

Prascovie !... Ah ! ah ! ah ! vous voulez rire !... C'est très drôle, ce que vous avez trouvé là... (Il rit. — Redevenant grave subitement.) Ce soldat m'agace...

YVAN, se rapprochant de Bilbassof.

Croyez-vous, illustre Golova, qu'il faudrait insister beaucoup auprès d'elle pour la décider à faire valoir ses droits ?

BILBASSOF.

Ses droits ? Elle n'en a aucun.

MARFA, à part.

Peut-être !... Jouons à mon tour un air de ma façon.

Elle disparaît.

YVAN, ironique.

A l'ancienneté, cependant !

BILBASSOF, gravement.

Apprenez, monsieur le sous-officier Yvan Savelitch...

YVAN.

Quoi donc, monsieur le Golova Boris-Grivorovitch-Bilbassof ?...

BILBASSOF, descendant sur le devant de la scène.

Que si la moindre preuve, je dis : la moindre preuve, était restée entre les mains de notre héroïne, elle l'eût fait valoir depuis vingt-deux ans, car il y a vingt-deux ans que je suis revenu dans le district !

MARFA, reparaît et s'approche d'Yvan mystérieusement; elle lui remet un petit sachet tout jauni et un bouquet de fleurs fanées.

La moindre preuve, Bilbassof ?...

YVAN et BILBASSOF, ensemble.

Marfa !

MARFA.

La voici !

YVAN et BILBASSOF, ensemble.

Est-il possible ?

MARFA.

Vois plutôt, Yvan !

BILBASSOF.

Hou ! la petite sorcière ! Hou !

MARFA.

RONDO.

Avec quel soin jaloux les amoureux tremblants
Gardent les souvenirs de leurs chères tendresses,
Ces riens qu'ont effleurés des doigts mignons et blancs,
Où demeure à jamais le parfum des caresses !
Dans un mot effacé l'on retrouve un baiser ;
Ce ruban vous rappelle une tendre parole,
Et la fièvre que rien ne pouvait apaiser
Cette fleur la retient aux plis de sa corolle....

Mais tout passe ici-bas,
Tout passe, tout s'oublie,
Et l'on ne fait plus cas
D'une ancienne folie ;
Et comme on ne veut pas vieillir,
On lorgne une jeune épousée
Sans enterrer le souvenir

Qui charmait votre âme brisée....
La fleur, le mot et le ruban,
    Illusion! Mensonges!
    Et d'un nouvel élan,
On part pour le pays des songes!
Sus à ces volages barbons!
Mots effacés, fleurs jaunissantes,
Otez à ces vieux papillons
Leurs ailes toujours frémissantes!

Accourez, souvenirs des amoureux tremblants
Pour venger le passé plein de chères tendresses!
O vous qu'ont effleurés des doigts mignons et blancs,
Où demeure à jamais le parfum des caresses!

YVAN, descendant vers Bilbassof.

Des fleurs fanées!...

BILBASSOF, feignant l'indifférence et sans regarder du côté d'Yvan.

La belle affaire!

YVAN, lui passant des papiers et les fleurs sous les yeux.

Des lettres!...

BILBASSOF, tressaillant.

Des lettres?

YVAN.

Eh! Eh! la révélation inattendue!

BILBASSOF, éperdu.

Des lettres? Quelle calamité, Yvan!... mon ami, mon unique ami!

YVAN, lui remontrant les objets.

Fiançailles de printemps....

BILBASSOF, s'éventant avec son mouchoir.

Ouf!

YVAN, raillant toujours.

Accordailles d'hiver....

BILBASSOF, frissonnant.

Brrr ! ! !

MARFA, à part.

Si je ne lui ai pas porté le coup de grâce, c'est à désespérer ? (On entend la musique du cortège.) Voici la noce....

BILBASSOF.

Mes administrés ! Je suis perdu. Pas un mot devant eux surtout, n'est-ce pas, mon petit Yvan ! Pas un mot, et je consens à tout !... Pourvu que Prascovie....

YVAN.

Prascovie se taira.

MARFA, à part.

Elle a de bonnes raisons pour cela.

YVAN, à Bilbassof.

Du calme, et laissez-moi faire ! Je réponds de tout.

SCÈNE IX

LES MÊMES, PRASCOVIE, NADIA, LES INVITÉS, ETC.

FINALE.

TOUS, entrant.

Salut, monsieur le Golova !...
Salut à votre Seigneurie !....
Nous fêtons avec Nadia
Le plus beau jour de notre vie !...

YVAN.

Amis, le Golova nous montre sa grande âme ;
Il veut se surpasser en générosité.
« Tu l'aimes ? m'a-t-il dit, prends Nadia pour femme
» Et que j'entende enfin proclamer ma bonté ! »

PRASCOVIE, à Bilbassof.

Quoi !

Un temps.

Vous abandonnez ainsi vos avantages.
Je n'y comprends plus rien.

BILBASSOF, craintif, s'éloignant d'elle.

Oui, moi! Je suis trop bon!

A Yvan.

Tout restera secret?...

PRASCOVIE, voulant attirer de nouveau l'attention de Bilbassof et s'avançant vers lui.

Bon! Et les arrérages?

Même jeu de scène que précédemment, Bilbassof s'éloigne encore.

YVAN, intervenant.

Bilbassof ne veut plus qu'il en soit question!

BILBASSOF, revenant vers Yvan.

Ah! permets...

YVAN, le prenant sous le bras.

Golova, regardez Prascovie!
Vous émeut-elle pas?...

BILBASSOF, tout à fait décidé et s'éloignant de Prascovie.

Je donne la maison!

TOUS, *joyeusement.*

Qu'à notre Golova Dieu donne longue vie!

MARFA, *à Yvan en riant.*

Es-tu content de moi, garçon?

YVAN, *désignant le papier et les fleurs que Marfa lui a remis à la scène précédente.*

Oui, mais ce papier?

MARFA.

Blanc!

YVAN, *au comble de la surprise.*

Les fleurs?

MARFA.

Supercherie!

YVAN, *l'embrassant avec joie.*

Ainsi c'était un tour de ta façon?

MARFA, *mettant un doigt sur ses lèvres.*

Chut!

Yvan, Nadia et Bilbassof l'imitent.

YVAN.

Vive la sorcellerie!

Prenant Nadia à son bras, lui souriant et se tournant vers Bilbassof. Mouvement de la chanson.

Enfin, grâce à votre bonté,

J'ai plus qu'une couronne,
Que la Gloire et la Majesté:
J'ai l'amour en personne.

TOUS.

Des mariniers du Volga... ah!
Vive l'équipage!...
Sur le bateau que voilà!... ah!
L'univers voyage!

Rideau.

FIN

Imprimerie générale de Châtillon-sur-Seine. — A. Pichat.

www.ingramcontent.com/pod-product-compliance
Lightning Source LLC
LaVergne TN
LVHW021643170726
843501LV00007B/2393

* 9 7 8 2 3 2 9 6 4 9 9 6 2 *